इश्क़ की किताब

अदिति शुक्ला

BlueRose ONE.com
Stories Matter
NewDelhi • London

BLUEROSE PUBLISHERS
India | U.K.

Copyright © Aditi Shukla 2023

All rights reserved by author. No part of this publication may be reproduced, stored in a retrieval system or transmitted in any form or by any means, electronic, mechanical, photocopying, recording or otherwise, without the prior permission of the author. Although every precaution has been taken to verify the accuracy of the information contained herein, the publisher assumes no responsibility for any errors or omissions. No liability is assumed for damages that may result from the use of information contained within.

BlueRose Publishers takes no responsibility for any damages, losses, or liabilities that may arise from the use or misuse of the information, products, or services provided in this publication.

For permissions requests or inquiries regarding this publication, please contact:

BLUEROSE PUBLISHERS
www.BlueRoseONE.com
info@bluerosepublishers.com
+91 8882 898 898
+4407342408967

ISBN: 978-93-5819-142-4

Cover design: Shivam
Typesetting: Namrata Saini

First Edition: August 2023

ज़रूरी है!

माँ
भले ही आज 'इश्क़ की किताब' लिख दी हो, पर याद रखना तुम्हारी ममता से ज़्यादा पवित्र प्रेम, मैंने आज तक नहीं महसूसा और न इस जीवन काल में कभी महसूस कर पाऊँगी। जैसा कि हमेशा कहती हूँ –
तुम प्रेम हो, तुम तथ्य हो
सब झूठ है, तुम सत्य हो।

पापा
आपके जूतों में पैर डाल कर, आपके पीछे-पीछे चलने की ये तीसरी कोशिश है। गिर जाऊँ, तो हमेशा की तरह आप संभाल लीजिएगा। मैं वादा करती हूँ, फिर उठकर चलने लगूँगी।

भरत
महफ़िल-ए-इश्क़ में मशहूर हो रही हूँ,
मेरे 'इश्क़ की किताब' जो मेरे साथ रहती है।

और हाँ!

कीर्ती मौसी-मौसाजी, मम्मी-पापा, शरद-दीपिका और मेरे संपूर्ण परिवार को आभार व्यक्त करना चाहती हूँ जिन्होंने हमेशा मुझे प्रोत्साहित किया है और मेरे सभी प्यारे दोस्त, जो कभी थकते नहीं मेरी हर कोशिश को सराहते-सराहते, तुम्हारा अटूट साथ न होता, तो शायद इश्क़ के माइने समझना इतना आसान न होता।

क्रम

समय ही तो है...1

तू सब जानती है..2

नक़ाब..3

महफ़ूज़..5

घर..7

कोई भी मिलता है.. 10

बेटा सुनो!... 12

क्या करूँ मैं तुम्हारा?..................................... 14

इश्क़ की किताब.. 15

लिखती हूँ... 17

इश्क़ है.. 19

शायद.. 21

सफ़र... 22

कविता में घर... 24

क्या लिखूँ?... 26

राग मल्हार.. 28

तेरा नाम... 30

क्यूँ नहीं होता?... 33

ख़ैर छोड़ो... 34

जब तुझ पर क़िताब लिखूँगी......................... 35

सब ठीक हो जाएगा.................................... 36

हयात लिखती हूँ... 38

रूहानी जुगलबंदी.. 39

ठीक एक क्षण पहले..................................... 41

- अतरंगी सपने... 43
- इश्क़ रेसिपी... 44
- सार.. 46
- कोई पूछे तुमसे मैं कौन हूँ?... 47
- कौन करे?.. 49
- रुबाई.. 50
- घबराहट 51
- तो मानूँ.. 52
- आज फ़िर 53
- फ़ितरत.. 54
- क़ारोबार 55
- कमरा.. 56
- जिसे देखो 58
- कंजूसी क्यूँ?.. 59
- फ़ितूर... 60
- मोजिज़ा... 61

आओ तुम्हें तफ़क्कुर से दूर ले जाऊँ
कुछ देर पास तो बैठो मेरे, तुम्हें तुम्हीं से इश्क़ करवाऊँ।

समय ही तो है

कहीं छाते दुख के बादल
कहीं आशा का सूरज निकलता है
कह देना जब मिलो काबिलियत से
समय है, बदलता है।

आज सोच रहे हो कि ख़त्म हो चुका सब
कल ज़िन्दगी का पहिया फिर से चलता है
कह देना जब मिलो मुसीबत से
समय है, बदलता है।

भविष्य की चिंता में वर्तमान को मत दहलाओ
आज़ाद जीना ही सबसे बड़ी सफ़लता है
कह देना जब मिलो अहमियत से
समय है, बदलता है।

बेचैन हो जाते हो जो इतना
कुछ नहीं, बस मन की चंचलता है
कह देना जब मिलो असलियत से
समय है, बदलता है।

ज़ख्मो पर नमक छिड़कना तो लोगों की पुरानी आदत है
मायूस न हो, ये सब तो चलता है
कह देना जब मिलो मासूमियत से
समय ही तो है... बदलता है।

तू सब जानती है

पिंजरे की घुटन भी
उड़ान की थकन भी
रिश्तों की उलझन भी
ईर्ष्या और जलन भी।

तंज़ की चुभन भी
परिश्रम और लगन भी
सुंदरता और तन भी
प्रेम, हृदय और धन भी।

बेड़ियों की जकड़न भी
आज़ादी की धड़कन भी
उड़ने का जतन भी
पराजय और पतन भी।

सवालों की तपन भी
भक्ति और भजन भी
तुम राधा सी मगन भी
तुम दुर्गा सी अगन भी।

स्त्री! तू सब जानती है
जानती है जैसे सबका मन
जान कभी अपना मन भी।

नक़ाब

जब तक चलेंगी साँसे तुम्हारी
हर मोड़ पर नया पड़ाव मिलेगा
कभी मिलेंगे झूठे बढ़ावे
कभी सच्चा इंकार मिलेगा।

बातें होती रहेंगी हर तरफ़
हर बात का नया सार मिलेगा
कोई रोएगा कभी याद में तुम्हारी
कभी कोई यादगार मिलेगा।

जवाबों की अफ़रा तफ़री में
हर मोड़ पर नया सवाल मिलेगा
कभी बंधेंगे तारीफों के पुल
कभी व्यंगो का वार मिलेगा।

कभी मिलेंगे किस्से अनेक
कभी कोई कहानीकार मिलेगा
मिलेंगे कभी, दुश्मन भी ज़हीन
कभी फ़रेबी अपना यार मिलेगा।

ढूँढते-ढूँढते खुशियों का रास्ता
थक जाओगे देखना तुम
कभी मिलेंगे सुकून के पल
कभी हाहाकार मिलेगा।

जीवन की इस पहेली में
क्या पता कर सकोगे सत्य-असत्य?
बदलेंगे कुछ लोग ज़िन्दगी तुम्हारी
कुछ चेहरों पर नक़ाब मिलेगा।

महफ़ूज़

तेरा इश्क़ मैंने महफ़ूज़ रखा
कभी रेडियो के गानों में
कभी कॉलेज की यादों में
कभी लहज़े कभी लिहाज़ में
कभी संगीत, कभी साज़ में।

कभी कविता, कभी सार में
कभी जीत, कभी हार में
कभी घुँघरू, मृदंग की राग में
कभी ईश्वर, एकांत, बैराग में।

कभी ख़याल, कभी सवाल में
कभी क्षण, पहर और साल में।
कभी संवेदना और सम्मान में
कभी रूह, कभी रमज़ान में।

कभी आँखों की रवानी में
कभी अल्हड़ सी जवानी में
कभी पायल की झंकार में
कभी झुमका, बिंदी और हार में।

तेरा इश्क़ मैंने महफ़ूज़ रखा इस क़दर
कि मानों मेरा भी उस तक पहुँचना
अब संभव नहीं।
संभव है, तो बस इतना,
कि हर बार जब तेरा ज़िक्र हो
मेरा नाम अक़ीदत से तेरे नाम के साथ, महफ़ूज़
कहीं रख दिया जाए।

घर

कहाँ बसता है निज
कहाँ है असल बसेरा
कोई बताए मुझे
घर कहाँ है मेरा?

घर माँ की गोद सा है
या पिता के दुलार सा?
घर आत्मस्नेह का मूल है
या फूले-फ़ले परिवार सा?

घर बचपन का वास है
या है रिश्तों के साथ सा?
घर है मैदान आज़ादी का
या दायरों से लिपटी सौगात सा?

घर है मर्यादा की लक़ीर
या जंगल के फ़कीर सा?
घर की तलाश में फिरता मन
प्रगाढ़ किसी मीर सा।

घर काफ़्का की यात्रा है?
या फैज़ के जज़्बात
घर जॉन की सच्चाई है?
या अमृता सा आज़ाद?

दिल चाहता रिश्तों की चाँदनी
निज ढूँढता एकांत सवेरा
आख़िर कोई तो बताए
घर कहाँ है मेरा?

हर वक्त अख़लाख़ कैसे जताऊँ?

हर वक्त अदब कैसे दिखाऊँ?

ये करते-करते एक उम्र ज़ाया की है मैंने

तुम्हें ख़ुश करूँ या उस उम्र से रूठे

'ख़ुद' को मनाऊँ?

कोई भी मिलता है

इमरोज़ की बातें करती हूँ
किसी में वो वफ़ादारी नहीं है।

कोई भी मिलता है
बात करने देती हूँ
किसी में वो समझदारी नहीं है।

कोई भी मिलता है
हाथ पकड़ने देती हूँ
किसी में वो ज़िम्मेदारी नहीं है।

कोई भी मिलता है
एक धुन सुनाती हूँ
किसी में वो लयकारी नहीं है।

कोई भी मिलता है
सब कुछ बता देती हूँ
किसी में वो राज़दारी नहीं है।

कोई भी मिलता है
आँखें पढ़ने देती हूँ
किसी में वो ईमानदारी नहीं है।

कोई भी मिलता है,
बस मिलता है
किसी में मिलने की बेक़रारी नहीं है।

- पारितोष त्रिपाठी जी की कविता "कोई भी मिलती है" से प्रेरित।

बेठा सुनो!

मेरी बिटिया का ख़याल रखना
वो रखेगी तुम्हारा ग़ुरूर,
सर आँखों पर अपनी।
तुम भी गरिमा का उसकी मान रखना।

वो पढ़ेगी तुम्हारे
मन के भीतर का शोर
तुम भी उसके मन को टटोलना।

वो समझेगी तुम्हारी
इच्छाओं को पूर्णतः।
तुम भी उसके स्वप्न समझना।

बेटा सुनो!
मेरी बिटिया का ख़याल रखना।

वो चलेगी हाथ पकड़ तुम्हारा
थक कर अगर, कहीं रुक जाए
तुम फिर उसका हाथ पकड़ना।

तुम बाँटना उससे हर दर्द अपना
अगर वो बाटें तुमसे कोई हिस्सा अपना
तुम भी उसको प्रेम से सुनना।

कौन सक्षम, कौन दुर्बल?
कौन कमज़ोर और कौन कितना प्रबल?
पित्रसत्तात्मकता को त्याग
तुम दोनों बराबरी की सुन्दर मिसाल बनना।

बेटा सुनो!
मेरी बिटिया का ख़याल रखना।

क्या करूँ मैं तुम्हारा?

तुम्हारे साथ चलना मंज़ूर नहीं
फिर भी रोज़ चल देती हूँ
टूटे कहीं तुम हो शायद
बिखरी हुई मैं क्यूँ दिखती हूँ?

अगर बात छिड़ती एक
तो पूरा काफ़िला बन जाता
सुकून से जीने वालों को बताओ
आख़िर सुकूं क्यूँ नहीं आता?

तुम्हें देखना अब चाहती नहीं
मिलना तो बहुत दूर की बात है।
ख़ुश हूँ तुम नहीं हो पास
बस तुम्हारी नज़्मों का साथ है।

अच्छा चलो छोड़ो ये सब,
अगर लोग पूछेंगे मुझसे तो क्या बताऊँ?
तुम्हें कहूँ अज्ञात या हमसाया बताऊँ?
तुम्हें कहूँ कोई अपना या पराया बताऊँ?

अब बोलो भी, इरादा क्या है तुम्हारा?
चुप क्यूँ हो... बताओ ना...
क्या करूँ?
क्या करूँ मैं तुम्हारा?

इश्क़ की किताब

मैं बेचैन किसी सुबह सी
वो सुकून भरी रात सा दिखता है
मैं दिन भर सपने बुनती हूँ
वो मुकम्मल किसी ख़्वाब सा दिखता है।

मैं अधूरे सवाल सी अटक जाती हूँ
वो ऊँचे संवाद सा दिखता है
मैं दिल में सुन्दर घर बनाती हूँ
उसका घर भी शबाब सा दिखता है।

मैं आँखों की नमी में शामिल
वो अनकहे जज़्बात सा दिखता है
मुझे भीड़ रत्ती भर रास नहीं आती
वो भीड़ में भी, बैराग दिखता है।

मैं बादलों से लड़ा करती हूँ
वो गर्मी में बरसात सा दिखता है
मैं चाँद की दीवानी हूँ
वो रौशन आफ़ताब सा दिखता है।

मैं टैगोर की 'गीतांजलि'
वो वसीम के 'चराग़' सा दिखता है
मैं अमृता सी, आज़ादी पसंद
वो इमरोज़ के धैर्य और साथ सा दिखता है।

मैं बेसब्र फड़फड़ाती परिंदे सी
वो नीले आसमान सा दिखता है
मैं नज़्म कोई इश्क़-ए-मजाज़ी
वो इश्क़ की किताब सा दिखता है।

लिखती हूँ

मैं किसी काल्पनिक आनंद के लिए नहीं लिखती।
न ही लिखती हूँ इसलिए कि कोई मूल्यांकन करे मेरी व्यक्तिगत ज़िन्दगी का।
नहीं!
मैं इसलिए भी नहीं लिखती कि कोई समझे कि मेरा जीवन कष्टदायी है
या मैं किसी प्रकार की सहानुभूति की तलाश में हूँ,
या ढूँढ रही हूँ, ज़रिया किसी क्रान्ति को आरंभ करने का।

मैं लिखती हूँ प्रेम पर और आत्म सम्मान पर भी
मैं लिखती हूँ अराधना और आज़ान पर भी
मैं लिखती हूँ बंधे धैर्य और टूटे अभिमान पर भी।
मैं वो सब लिखना चाहती हूँ जिसे जीते समय तुम और मैं,
भावनाओं के कई ज्वार-भाटों से गुज़रते होंगे।

मैं लिखती हूँ ताकि तुम सुन सको, हँसते हुए चेहरों में छुपा आक्रोश।
तुम देख सको किस तरह ये चेहरे स्वयं को स्थापित और निर्वासित करते हैं,
दुनिया के पाखंड और जड़ता से।
मैं शब्दों की माला में पिरोना चाहती हूँ, मन में उमड़ती अनेक अनुभूतियाँ।

मैं लिखती हूँ ताकि ख़ुद की बाँधी हुई बेड़ियों से रिहा हो सकूँ।
ख़ुद के साथ कुछ देर बैठ, ख़ुद से चंद सवाल कर सकूँ।
देख पाऊँ अपनी आँखों से अपने अस्तित्व की चमक को,
सुन सकूँ स्वयं की आवाज़, अपने कानों से और
महसूस कर सकूँ हर क्षण, मृतकों के बीच रहकर,
अपना साँस लेना।

इश्क़ है

कुछ अधूरा रह गया
कुछ साकार हो गया
कुछ रहा कमी का शिकार
कुछ बेशुमार हो गया।

कुछ दोस्ती में छिप गया
कुछ सिक्कों में बिक गया
कुछ हमदर्दी से ख़िला
कुछ ख़्वाबों में दिख गया।

कुछ शैदाई की नज़र बना
कुछ रक़ीब का सबर बना
कुछ बन गया ज़िन्दगी किसी की
कुछ आशिकों की कब्र बना।

कुछ बना समर्पण का द्वार
कुछ बना भूला-बिसरा यार
कुछ बना प्रेरणा जीत की
कुछ बन गया जीती हुई हार।

ख़ैर,
जितना चाहोगे सुलझाना
ये तुम्हें और उलझाएगा
ये इश्क़ है मेरी जां
न निगला जाएगा, न उगला जाएगा।

स्त्री बिक जाती है
पुरुष के प्रेम भरे दो बोल सुन
भावनाओं के इसी बाज़ार में
बेख़ौफ़ चल रहा है, देह का सौदा।

शायद

जो था वो प्रेम की गुहार था
जो है वो साथ चलता मुसाफ़िर
जो शायद होता, तो कोई कहानीकार होता।

जो था उसने साथ निभाया
जो है उसने निज से मिलवाया
जो शायद होता, तो अधूरे सवालों का जवाब होता।

जो था वो सुन्दर स्वप्न था
जो है वो आज का सत्य है
जो शायद होता, तो दिल फूलों सा शादाब होता।

जो था उसे बहुत कुछ कहना था
जो है उसे जी भर सुनना है
जो शायद होता, तो कौन कहता और कौन सुनता।

जो था वो बचपन का हाथ था
जो है वो ज़िन्दगी का साथ है
जो शायद होता, तो डायरी का ग़ुलाब होता।

जो था वो प्रेम पत्र था
जो है वो नज़्मों का सार है
जो शायद होता, तो मेरा 'अल्फ़ाज़' होता।

सफ़र

हर ख़ूबसूरत लम्हें को याद रखती हूँ
रुसवाई भूल भी जाऊँ, मोहब्बत ज़रूर याद रखती हूँ।

यूँ तो कोई कसर न छोड़ी ज़िन्दगी ने आज़माइशों की
सबर भूल भी जाऊँ, शुकर ज़रूर याद रखती हूँ।

जानती हूँ मझदारों की कश्मकश को बख़ूबी
भँवर भूल भी जाऊँ, लहर ज़रूर याद रखती हूँ।

मेरे दिल में बसना बेहद आसान है
वादे भूल भी जाऊँ, अख़लाख़ ज़रूर याद रखती हूँ।

ख़फ़ा हो जाना, अगर कुछ भी झूठ लगे तुम्हें
रूठना भूल भी जाऊँ, मनाना ज़रूर याद रखती हूँ।

यूँ तो नहीं है आदत, किसी जी-हुज़ूरी की मुझे
सलाम भूल भी जाऊँ, एहतराम ज़रूर याद रखती हूँ।

अगर लगूँ मैं सच्ची, तो हाथ बढ़ा देना
मंज़िल भूल भी जाऊँ, सफ़र ज़रूर याद रखती हूँ।

हुस्न को उसके जितना भी कोसो
और हसीं वो दिखने लगती है
उसे ज़रा देर अकेला क्या छोड़ो
वो कम्बख़्त लिखने लगती है।

कविता में घर

प्रेम किया दुनिया से मैंने
लेकिन प्रेम गीत यहाँ पर गाया है
चलो आज बताती हूँ
क्यूँ मैंने कविताओं में, अपना घर बनाया है।

इस घर में प्रवेश करते ही
उतर जाती है सारी थकन
इस घर ने देखा मेरा धैर्य,
प्रेम, क्रोध और पतन।

इस घर की दीवारों के कान नहीं है
किसी का छूटा हुआ सामान नहीं है।
न बिछा है यहाँ अपेक्षाओं का तख़्त
डायरी में मिलेंगे, कुछ अधूरे लिखे ख़त।

टेबल पर मिलेगी,
सालों से जमी उलझनों की धूल।
कुछ चुनी हुई किताबें
कुछ टूटे बिख़रे फूल।

चौखट पर इस घर की
कहाँ कोई आता है।
व्यापारियों का आना वर्जित है यहाँ,
इस घर को तो सिर्फ़ कलाकार ही भाता है।

इस घर के एकांत ने कई बार,
दुनियादारी के चंगुल से, मुझे बचाया है।
इसीलिए तो मैंने
कविताओं में, अपना ये छोटा सा घर बनाया है।

क्या लिखूँ?

कोई भूली बिसरी याद लिखूँ
या कुछ अनकही सी बात लिखूँ?
क्या लिखूँ, सत्य जीवन का
या अधूरा कोई ख़्वाब लिखूँ?

लिखूँ अपनी अदा पर आज
या झुमका, बिंदी, हार लिखूँ?
क्या लिखूँ, किस्सा कोई इश्क़ का
या बरसात की वो रात लिखूँ?

लिखूँ पहाड़, परिंदों पर आज
या तूफ़ान की ललकार लिखूँ?
क्या लिखूँ, झूठे गुरूर पर
या पाखंड और प्रतिघात लिखूँ?

क्या लिखूँ, सत्य जीया हुआ
या झूठा कोई आभास लिखूँ?
क्या लिखूँ, अनंत जगत ज्ञान
या धैर्य और सम्मान लिखूँ?

लिखूँ आज सीता-राम
या फ़ज्र की आज़ान लिखूँ?
लिखूँ किसी शहर का नाम
या पूरा हिन्दुस्तान लिखूँ?

या लिखूँ अपने घर का पता
या बिछड़ा कोई साथ लिखूँ?
क्या लिखूँ आज तबियत का हाल
या भीतर का सैलाब लिखूँ?

राग मल्हार

तेरे-मेरे लिखने में, फ़र्क बस इतना है यार
तू लिखता है इश्क़, मैं लिखती हूँ प्यार।

तेरे मेरे कहने में, फ़र्क बस इतना है यार
तू कहता कहानी, मैं कहती हूँ सार।

तेरे मेरे पढ़ने में, फ़र्क बस इतना है यार
तू पढ़ता है ग़ालिब, मैं पढ़ती हूँ गुलज़ार।

तेरे मेरे प्रेम में, फ़र्क बस इतना है यार
तुझे होती हरारत, मुझे चढ़ता तेज़ बुख़ार।

तेरे मेरे जीवन में, फ़र्क बस इतना है यार
तेरा जीवन कोरा काग़ज़, मेरा है अख़बार।

तेरे मेरे रहने में, फ़र्क बस इतना है यार
तू बादल रविवार का, मैं तपता सोमवार।

तेरे मेरे संगीत में, फ़र्क बस इतना है यार
तू है गुहार यमन की, मैं हूँ राग मल्हार।

इस कैफ़ियत का इलाज
कैसे किया जाए?
कि इश्क़ में आबाद हैं किसी और के
और हिज्र किसी और से निभा रहे हैं।

तेरा नाम

ज़िन्दगी के भूले बिसरों में
कुछ नाम अक्सर याद आते हैं
कुछ छूट जाते हैं किसी मोड़ पर
कुछ फ़िर क़रीब आते हैं।

इस नाम में, एक नाम तुम्हारा था
फूलों से जिसे मैंने सँवारा था
न दोस्ती, न प्रेम, न कोई आकर्षण
कहानी का अपनी आधार समर्पण।

वो क्या समझेंगे समर्पण को
जो देह में प्रेम को ढूँढ रहे हैं।
आँखों में फ़रेब लिए,
सड़कों पर सच्चे बने घूम रहे हैं।

कविताओं में मेरी,
ज़िक्र देख अपना, घबराना मत
चाँद हो तुम आकाश गंगा के
ढल जाना मत।

इस बेसुध रिश्ते में
एक इशारा तुम्हारा भी था।
हयात में मेरी,
एक सफ़ा तुम्हारा भी था।

छोड़ो जाने दो,
अब और क्या बताऊँ,
मेरा क्या भरोसा,
आज याद किया जी भर, तेरा नाम
कल शायद फिर भूल जाऊँ!

क्या तुमने पिंजरा तोड़ कर उड़ जाने के उस
ख़ूबसूरत क्षण को महसूसा है?

इसमें न ही बंद होने की घुटन है और न ही
आज़ाद हो जाने की थकन।

लिखना मेरे लिए उसी क्षण को बार-बार जीने जैसा है।

क्यूँ नहीं होता?

हर रात गुज़रती है मेरी
उस रात का सवेरा क्यूँ नहीं होता?
घर हैं कई इस बेचैन शहर में मेरे
इन घरों में बसेरा, क्यूँ नहीं होता?

बीता जा रहा दिन, महीना, साल
वो पूछते हैं मुझसे तबियत का हाल
हर रोज़ कहता हूँ "अच्छा हूँ"
फिर 'अच्छा' आख़िर क्यूँ नहीं होता?

कहने को तो ये सब अपने हैं
अधूरे ही सही, पर सपने तो सपने हैं।
हर रोज़ जी रहा हूँ इनके लिए
फिर खुद के लिए, ज़िंदा क्यूँ नहीं होता?

हाल कुछ नासाज़ है कई दिनों से
सोच-सोच कर लिख रहा हूँ कई दिनों से
एक मन है जो उड़ रहा ज़मीन पर
ये दिल आख़िर, परिंदा क्यूँ नहीं होता?

ख़ैर छोड़ो

जिस दुनिया को तुम ढूंढ रहे
मैं हूँ उसी दुनिया का हिस्सा
जब बात छिड़ेगी मेरी
निकलेगा ज़रूर तुम्हारा किस्सा।

कभी-कभी कुछ लोग
ज़हन में ठहर जाते हैं
कुछ छोड़ जाते हैं, साथ रहकर
कुछ दूर रहकर भी साथ रह जाते हैं।

क्या कभी जाना तुमने
रिश्तों की उलझन कैसी होती है?
जिसकी करते तुम फ़रियाद
उसकी जकड़न कैसी होती है?

ये कैसा रिश्ता है
जो किसी को समझ नहीं आता
ज़हन से फिर भी निकल जाए
पर नज़्मों से नहीं निकल पाता।

क्यूँ तुम्हें मैं हर बार
पहेली बन सताती हूँ?
ख़ैर छोड़ो, जाने दो...
ये किस्सा कुछ अजीब है,
कभी और सुनाती हूँ।

जब तुझ पर क़िताब लिखूँगी

लिखूँगी अपने सारे सवाल
और तेरे हाज़िर जवाब लिखूँगी।

लिखूँगी तेरा गुरूर ज़रूर
और मीठी हर वो बात लिखूँगी।

लिखूँगी तेरा अल्हड़पन
तेरी समझदारी और ठहराव लिखूँगी।

लिखूँगी तेरा आकर्षण उसमें
और पहले छुअन की रात लिखूँगी।

लिखूँगी तेरा रूठना मुझसे
और मनाने की सौगात लिखूँगी।

लिखूँगी तेरा जीवन उसमें
और ख़ुद को तेरी जान लिखूँगी।

लिखूँगी मुश्किल हर आज़माइश
तेरा प्रगाढ़ प्रेम और साथ लिखूँगी।

तू कहता रहेगा "छोड़ो ये सब, जाने दो"
मैं तुझ पर एक क़िताब लिखूँगी।

सब ठीक हो जाएगा

समझो कुछ ग़लत है, जब लगे मन भारी
फ़रेबी लगे लोग, झूठी लगे दुनियादारी
जब जीवन लगने लगे घमासान
सुबह लगे जितनी मुश्किल, रात लगे उतनी आसान।

जब लगे टूटने आत्म सम्मान
महसूस होने लगे ज़हनी थकान
भावनाएँ मन में घर बनाए
उखड़े दिल, कोई भी न भाए।

जब निराशा आत्म जकड़ने लगे
जब लाचारी हाथ पकड़ने लगे
जब करने लगे मन आंतरिक लड़ाई
न काम आए पूजा, पाठ या पढ़ाई।

जब उमड़े अंदर भावनाओं का तूफ़ान
तरसता दिखे, वो प्रेम बाँटने वाला इंसान।
जब रास्ता दिखाने वाला ख़ुद भटक जाए
अचानक जब कोई फाँसी के फंदे से लटक जाए।

जो बुनता है सपने, जब बुनने लगे एकांत
आज कुछ देर ठहरो और सोचो,
किस कदर होता होगा उसका मन अशांत?

घुटते-घुटते यूँ ही,
देखना वो कहीं गुम हो जाएगा
जो कहता था तुमको
"चिंता मत कर यार, सब ठीक हो जाएगा"।

हयात लिखती हूँ

कविता नहीं एहसास लिखती हूँ
मैं टूटे-बिखरे जज़्बात लिखती हूँ।
जिसे कहने में कतराते हो तुम
मैं वो सुन्दर बात लिखती हूँ।

मैं आज़ाद विचार लिखती हूँ
मैं आत्मसम्मान लिखती हूँ
झूठी हँसी रास नहीं आती मुझे
मैं पाखंड और अवसाद लिखती हूँ।

मैं ढोंग और प्रतिघात लिखती हूँ
मैं अटूट प्रेम और साथ लिखती हूँ
अगर की डगर मैं जाती नहीं
मैं अंत नहीं, शुरुआत लिखती हूँ।

मैं तिनका नहीं, सैलाब लिखती हूँ
मैं जीने का अंदाज़ लिखती हूँ
कविता तो सिर्फ़ बहाना है
मैं मौजूदा हालात लिखती हूँ।

मैं अनकहे जवाब लिखती हूँ
मैं चुप्पी की आवाज़ लिखती हूँ
मुझे पढ़ कर नहीं, जी कर देखो
मैं पन्नों पर हयात लिखती हूँ।

रूहानी जुगलबंदी

आज फ़िर मिली मैं उससे
उस रोज़, बिछड़ने के बाद
फिर हुआ मन आकुल
सुन उसकी आवाज़।

न नींद रही, न चैन बचा
बस हर तरफ़ उसका जादू छाया
दिल को फिर सुकून मिला
जब उसने पुराना वो गीत सुनाया।

गज़ब उसकी आवाज़
चेहरे पर बेइन्तेहाँ नूर है।
मैं हूँ तराशा सोना
वो मेरे लिए कोहिनूर है।

शांत, दिव्य और सुन्दर
ये शायद उसके दूसरे नाम हैं।
झूठा लगता वो हर इंसान
जो समझता उसे आम है।

उसकी करूँ मैं रखवाली
या नज़र मैं उतारूँ?
कहूँ उसे नेकी का फ़ल
या नेकी ही पुकारूँ?

उसका मिलना है ख़्वाब सा,
जिस दुनिया में प्रेम की मंदी है
यह है कोई भव्य जादू
या रूहानी जुगलबंदी है?

ठीक एक क्षण पहले

तुम प्रेम हो अगर, थाम लो मुझे
जैसे कोई थामता हो हाथ गिरने के ठीक एक क्षण पहले।

तुम दोस्त हो अगर, सुन लो मुझे
जैसे कोई सुनता हो किसी की बात, ट्रेन छूटने के ठीक एक क्षण पहले।

तुम रक़ीब हो अगर, रख लो मुझे
जैसे कोई रखता हो आख़री ख़त संभाल बिछड़ने के ठीक एक क्षण पहले।

तुम हमदर्द हो अगर, समझ लो मुझे
जैसे कोई समझता हो अपनी ज़िम्मेदारी सात फेरों के ठीक एक क्षण पहले।

तुम शैदाई हो अगर, परख़ लो मुझे
जैसे कोई पिता परखता हो दामाद को, सगाई के ठीक एक क्षण पहले।

तुम साथ हो अगर, तो ले जाओ मुझे
जैसे कोई ले जाता हो आशीष बड़े बुज़ुर्गों का,
घर से निकलने के ठीक एक क्षण पहले।

मेरे ला-ज़वाल इश्क़ के तस्सवुर में
क्या तू सफ़ेद रंग भर सकेगा?
मैं ख़त लिखूँ अमृता की तरह
तू इश्क इमरोज़ जैसा कर सकेगा?

अतरंगी सपने

मुझे वो बहुत पसंद है,
हाँ वो! जिसने नहीं सुनी कभी हसन की कोई भी ग़ज़ल,
न ही सुना लता-रफ़ी को प्रेम गीत से मोती पिरोते हुए,
उसका दिल नहीं धड़कता था "चौधवीं का चाँद" या "देखा एक ख़्वाब" सुनकर,
न ही उसे रास आई साहिर-अमृता की रुबाई या जॉन की कोई रूह पसीजती नज़्म।

पर जब भी मैं इन सबको सुनती थी,
वो घंटो देखता था मेरे चेहरे की चमक,
सुनता था मेरी ख़ुशी की ख़नक,
महकता था मेरी कला की ख़ुशबू से
और बुनता था मेरे संग जुड़े,
अनगिनत अतरंगी सपने।

इश्क़ रेसिपी

सबसे पहले तो कढ़ाई में एक बड़ा चम्मच इंतज़ार डाल दें।

जब इंतज़ार अच्छे से कड़कने लगे तब आप इसमें थोड़ा इत्मीनान डाल दें। इत्मीनान के भूरा होते ही इसमें अटूट भरोसा, साबुत उम्मीद और ढ़ेर सारा सम्मान डाल कर भून लें।

सब कुछ अच्छे से भुन जाए तब आप इसमें प्रेम अनुसार समर्पण डाल दें, अत्यधिक समर्पण आपके आत्मसम्मान को नुकसान न पहुँचाए, इस बात का ख़ास ख़याल रखें।

इसे समय की आँच पर पकने दें और फिर देखिये इसका रंग कितना
ख़ूबसूरत आएगा
और इसकी महक पूरा घर महकाएगी।

अंत में थोड़ी सी शरारत छिड़कना अनिवार्य है, ऐसा करने से ताज़गी बनी रहेगी। अब इसे जीवन की प्लेट पर संवेदना के साथ परोसे और जी भर, इस इश्क़ का लुत्फ़ उठाएँ।

और हाँ ! याद रहे, हमेशा रसोई में ही न तपते रहें,
ज़िन्दगी में इश्क़ के अलावा और भी कई काम हैं।

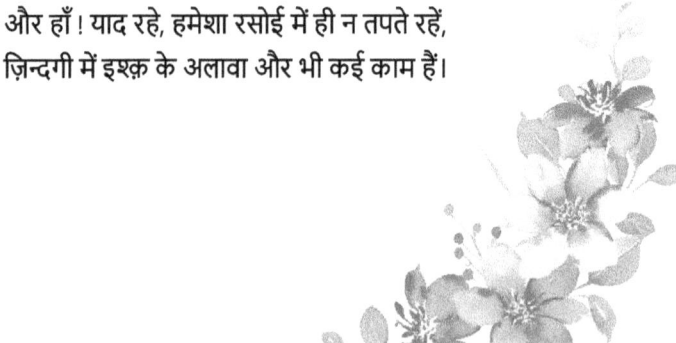

अगर करनी है मोहब्बत,

तो जान ले ज़रा

कि अगर आग लगेगी तेरे सीने में

तो ख़ाक़ मेरा भी दिल होगा।

कि अगर दिल तेरा टूटेगा

तो बर्बाद मेरा भी होगा।

सार

इतनी मिलती है नज़्म मेरी, ग़ज़ल से तेरी
कि अगर साथ मिल जाए तो यलगार हो जाए।

इतनी मिलती है कहानी मेरी, किस्सों से तेरी
कि अगर साथ मिल जाए तो साकार हो जाए।

इतनी मिलती है सोच मेरी, विचारधारा से तेरी
कि अगर साथ मिल जाए तो कलाकार हो जाए।

इतनी मिलती है लड़ाई मेरी, कलह से तेरी
कि अगर साथ मिल जाए तो ऐतबार हो जाए।

इतनी मिलती है असलियत मेरी, तरबियत से तेरी
कि अगर साथ मिल जाए तो परिवार हो जाए।

इतनी मिलती है मोहब्बत मेरी, मोहब्बत से तेरी
कि अगर साथ मिल जाए तो बेशुमार हो जाए।

कुछ इस तरह से चलता रहे कलम सच्चाई का
मैं बनूँ तेरी सबसे सुन्दर कविता, तू मेरा सार हो जाए।

कोई पूछे तुमसे मैं कौन हूँ?

रख लो, तो निशानी
खो दो, तो कहानी
तुम्हारे जीवन की ग़ज़ल का
सबसे सुन्दर मिसरा।

कोई पूछे तुमसे मैं कौन हूँ?
तो कह देना कोई भूला-बिसरा।

बैरागी जिसको प्यास नहीं
झूठ जिसको रास नहीं
तुम्हारे कविता कथित जीवन का
कोई अनकहा सा किस्सा।

कोई पूछे तुमसे मैं कौन हूँ?
तो कह देना कोई भूला-बिसरा।

डायरी का गुलाब कहना
समुन्दर या सैलाब कहना

मन बरगद की ललकार सा
दिल फूल सा टूटा बिखरा।

कोई पूछे तुमसे मैं कौन हूँ?
तो कह देना कोई भूला-बिसरा।

जब उम्मीद विरल थी
जीवन का कोई अर्थ न था
उस बेचैनी के दौर में
एक चेहरा था, आशा से निखरा।

कोई पूछे तुमसे मैं कौन हूँ?
तो कह देना कोई भूला-बिसरा।

कौन करे?

ये हर तरफ़ जो इतनी बातें चल रहीं
इन बातों में तेरी बात, अब कौन करे?

फ़रेब तेरे वादे और सारी वज़ाहतें
इन वज़ाहतों की शनाख़्त अब कौन करे?

जिस हुस्न की इबादत कर रहा तू काफ़िर
उस हुस्न को ख़ुदादाद अब कौन करे?

तेरे जाते ही रंग पीला पड़ गया था मेरा
उस रंग को गुलाब अब कौन करे?

मत भूल कि इश्क़ के आगे तू तिनका है
इस तिनके को सैलाब अब कौन करे?

अगर अब आए तो मेरा बन कर आना
तू कितनों का है, ये हिसाब अब कौन करे?

रुबाई

इश्क़ का रंग मेरा, कुछ सफ़ेद जैसा है
मैं हूँ नाराज़ 'कशफ़' सी, तू 'ज़ारून जुनैद' जैसा है।

कौन लिखेगा अब किस्सा मोहब्बत का?
मैं हूँ कलम गुलज़ार का, तू साहिर के गीत जैसा है।

क्या इश्क़ निक़ाह पढ़े ज़रूरी है?
मैं ख़त अमृता प्रीतम का, तू कैनवस इमरोज़ जैसा है।

मंज़िल है उनकी जो खो जाना जानते हैं।
मैं यात्रा मानव कॉल की, तू भटकते फ़कीर जैसा है।

कितना मुश्किल है देखो ये हिंदी-उर्दू का मिलन?
मैं हूँ पंक्ति कुमार की, तू मिसरा बशीर जैसा है।

नशा मयकशी में है, ज़रा रुबाई में उतर कर देखिये
मैं मधुशाला हरिवंश की, तू दोहा कबीर जैसा है।

घबराहट

ज़रा कुछ घबराहट सी हो रही है
कोई शोर नहीं फ़िर भी सरसराहट सी हो रही है।

एक मैं हूँ जो ठोकर खा कर भी थकती नहीं
एक दिल है जिसे अब थकावट सी हो रही है।

मेरे हुजरे में क़दम रख, कोई आया है रूहानी
मेरी बेहिसी बड़ी दिखावट सी हो रही है।

शब्द मिल नहीं रहे, कमबख़्त कहाँ छिप गए?
मेरी नज़्मों में कुछ मिलावट सी हो रही है।

कहकर सब लगता है कुछ रह गया बाक़ी
लबों में कुछ थरथराहट सी हो रही है।

और मेरी हालत कहाँ, कि मैं समझाऊँ आपको
धड़कनों में आपको देख, किस कदर गिरावट सी हो रही है।

तो मानूँ

देख कर मुझे यूँ बेक़रार हो जाना, आसान है
कभी वजूद में झाकों, तो मानूँ।

वफाओं के क़सीदे पढ़ना आसान है
बिछड़कर फ़िर दोबारा मिलो, तो मानूँ।

आँखों में डूब जाना, आसान है
जो 'आँखों का चुराना' समझ पाओ, तो मानूँ।

हर पहर दर्द की नुमाइश, आसान है
जो लगो दर्द भरी रात बाँटने, तो मानूँ।

बातों-बातों में हाथ पकड़ लेना आसान है
जो लगो हाथ थामने तो मानूँ।

महबूब बन जिस्म से लिपटना, आसान है
जो लगो रूह निहारने तो मानूँ।

चलो माना कि हसीं हूँ, ज़रा नादां भी मेरी जां,
शीशे में नहीं, धड़कनों में उतारो, तो मानूँ।

आज फ़िर

आए हो, ज़रा पास तो बैठो
तुमको बातों में आज उलझाऊँ क्या?

मैं रही हमेशा फर्माबरदार दुनिया की
कुछ पल शराफ़त भूल जाऊँ क्या?

राब्ता जब होगा तो क्या हाल होगा?
तुम्हें अपना बताकर, सबसे मिलवाऊँ क्या?

तुम्हारी नज़र भर से धड़कता है दिल मेरा
तुम कहो तो धड़कनों का हिसाब लगाऊँ क्या?

तुमने हाथ पकड़ कर, दिल निकाल लिया
तुम्हें चूम कर आज फ़िर, मर जाऊँ क्या?

तुम्हें देख कर जी उठता है दिन मेरा
आज फिर, वस्ल की रात बन जाऊँ क्या?

फ़ितरत

जिसकी जैसी फ़ितरत, वो वैसी बात करता है
कोई मरने तक पर उफ़्फ नहीं करता
कोई ज़रा सी बात पर मर मिट जाता है।

ग़ौर करना उन 'अपना' कहने वालों पर
कोई सब कुछ पा कर भी ख़ाली है
कोई बिन कुछ माँगे ही ख़ुश हो जाता है।

कितने अजीब हो गए किस्से मोहब्बत के
कोई इज़हार करते-करते थकता नहीं
कोई बिन कहे सब कुछ कह जाता है।

कहाँ मुश्किल है किसी का किसी से रूबरू होना
कोई देख कर मुँह फेर लेता है
कोई इशारे भर से गले लगा जाता है।
और
पकड़ कर देखना हाथ, कभी रक़ीब का
कोई जिस्म की शहवत में माइल है
कोई वजूद में उतर जाता है।

क़ारोबार

मेरी नज़र को तेरा इंतज़ार, थोड़ी है
जाना है तो बेशक़ जा
तेरे मेरे दरमियाँ, प्यार थोड़ी है।

तू बारिश की बूँद, मैं बादल दीवाना
बरसना नहीं, तो न बरस
बादल का बारिश पर इख़्तियार थोड़ी है।

लिखा इस क़दर, हाल-ए-दिल शायरी में
शायरी का इज़हार, जुमला है
निसार-ए-यार थोड़ी है।

तू बातों का क़ायल, मैं एजाज़-ए-ग़ज़ल
ज़रा पढ़ कर देख एक दफ़ा
हसीं शे'र है लम्स मेरा, कड़वा कोई सार थोड़ी है।
और
माना कि नहीं समझता नफ़ा-नुकसान के पैंतरे
मेरी जां, दिल है मेरा
तेरा क़ारोबार थोड़ी है।

कमरा

अर्से बाद जब मैं अपने कमरे में क़दम रखती हूँ,
ये कमरा मुझसे माँगता है नामौजूदगी का सारा हिसाब,
दीवार पर टंगी बचपन की तस्वीरें जताती हो जैसे गम छोड़ जाने का,
रैक पर रखी किताबों की धूल चीख़ कर सुनाती हो अकेलेपन की इन्तेहाँ,

परदे सुनाते हों जैसे दास्तान लम्बे इंतज़ार की,
बिस्तर पर बिछाई नई चादर याद दिलाती हो जैसे बदलती ज़िन्दगी का।

और किनारे रखी मेज-कुर्सी जिस पर बैठ लड़ती थी मैं
दुनिया की कश्मकश से, उतारती थी थकान डायरी के पन्नों पर और
बुनती थी सैकड़ों सपने एक रौशन मुस्तक़बिल के,

बैठी हो बाहें फैलाए, एहसास दिलाने मुझे मेरे सब्र का और

जोड़ती हो फिर से मुझे,
मेरे होने से।

कभी बंद दरवाज़ों से पूछो
छिपाना किसे कहते हैं?
तुम्हारे लाख़ खटखटाने पर भी
मौन वो सलीक़े से कैसे खड़े रहते हैं?

जिसे देखो

जिसे देखो इश्क़ फ़रोशी में पाग़ल
एक हम हैं, जो पूरा बाज़ार लिए बैठे हैं।

जिसे देखो जज़्बातों की तस्करी में पाग़ल
एक हम हैं, जो तेरे 'उफ़्फ़' पर बेज़ार हुए बैठे हैं।

जिसे देखो दर्द की नुमाइश में पाग़ल
एक हम हैं, जो सदियों का गुबार लिए बैठे हैं।

जिसे देखो हुस्न सँवारने में पाग़ल
एक हम हैं, जो तुझपर निसार हुए बैठे हैं।

जिसे देखो वस्ल की शाम में पाग़ल
एक हम हैं, जो शब-ए-इंतज़ार में बैठे हैं।

कंजूसी क्यूँ?

अगर सत्य है, तो बताने में कंजूसी क्यूँ?
अगर प्रेम है, तो जताने में कंजूसी क्यूँ?
अगर रूमानी है, तो क़रीब आने में कंजूसी क्यूँ?
अगर रुसवाई है, तो मनाने में कंजूसी क्यूँ?

अगर ग़लती है, तो सर झुकाने में कंजूसी क्यूँ?
अगर गलतफहमी है, तो समझाने में कंजूसी क्यूँ?
अगर साथ है, तो निभाने में कंजूसी क्यूँ?
अगर दर्द है, तो टूट जाने में कंजूसी क्यूँ?

अगर दोस्ती है, तो मर-मिट जाने में कंजूसी क्यूँ?
अगर ख़ुमार है, तो सर चढ़ाने में कंजूसी क्यूँ?
अगर महबूब है, तो पलकों पर बिठाने में कंजूसी क्यूँ?
अगर जूनून है, तो बहक जाने में कंजूसी क्यूँ?

अरे! अब बस भी करो, यूँ किफ़ायत से चलना
अगर मरना ही है,
तो जी जाने में कंजूसी क्यूँ?

फ़ितूर

माना कि तू है चाँद सा रौशन
मैं भीगी चाँदनी से कम हूँ क्या?

माना कि तू है पहली मुलाक़ात
मैं इश्क़ की रवानी से कम हूँ क्या?

माना कि तू है घमंड ग़ालिब का
मैं फैज़ की रुबाई से कम हूँ क्या?

माना कि तू है मिजाज़ रूमानी
मैं शहवत की अंगड़ाई से कम हूँ क्या?

माना कि तू है उमड़ता सैलाब
मैं बहकती जवानी से कम हूँ क्या?

माना कि तुझमें है ज़िंदा, मेरा फ़ितूर
मैं तेरी दीवानी से कम हूँ क्या?

मोजिज़ा

जब कभी रूठ जाते हो, तुम्हें मनाता कौन है?
जब फेर लो दुनिया से मुँह, तुम्हें फिर से बुलाता कौन है?
जब पीड़ा सहन नहीं होती, मरहम लगाता कौन है?
जब ऊब जाते हो ज़िन्दगी से, दिल बहलाता कौन है?

किसने उठायी है ज़िम्मेदारी तुम्हें ख़ुश रखने की
किसने खायी है कसमें संग जीने-मरने की?
कौन है जो याद दिलाता है तुमको, तुम्हारी काबिलियत?
कौन है जिसे सबसे प्यारी है तुम्हारी मासूमियत?

ज़रा ठहरो कुछ देर और सोचो,
जो तुम्हारी ज़िन्दगी जीने लायक़ बनाता है?
कौन है जो बंजर मन पर नया फूल खिलाता है?
कौन है जो तुमको, तुम्हीं से मिलवाता है?

तुम जिसको चाहते हो इतना,
वो भी तुम्हें उतना ही चाहता है
संभाल कर रखना ज़नाब
यह मोजिज़ा ज़रा कम ही हो पाता है।

इश्क़ के हक़ीम ने दवा में उसका नाम लिखा है

कहा है मिसरे भर सुबह, और ग़ज़ल भर रात को
ज़रूर लेकर सोना।

अगर फ़िर भी बेहतर न लगे, तो एक नज़्म
उसके सुर्ख़ होठों पर रख पी जाना।

तबियत में कुछ आराम मिलेगा।

www.ingramcontent.com/pod-product-compliance
Lightning Source LLC
LaVergne TN
LVHW061601070526
838199LV00077B/7135
* 9 7 8 9 3 5 8 1 9 1 4 2 4 *